TTS文庫

続・座右の書

人生の生き方研究会

東京図書出版

まえがき

　先に刊行した前著『再改訂新装版　座右の書』（2016年11月29日既刊）においては、「人生を生きる」にあたって、人生全体に必要・必須・不可欠・基本と思われる考え方（認識）・心がけ・言葉（支え・助言・指針となる）などをすべて網羅して提示いたしました。前著は言わば、「人生の基本書」としての位置付けであり、それ一冊で人生のあらゆる事態・状況に対応可能なものとしてまとめたものです（携帯可能として、いつでも必要な時に参照し得るものとして）。本書はそれに対して、「補助的なもの」であり、前著で「基本・最重要事項」として提示した「M[1] 実践」について、その実践を試みようとする方に対して、試行を後押しし、維持継続を支えて発展させ、成果を出していただけるようにするために、必要と思われる認識を主として提示したものであります（本書の内容に

---

[1] METHOD の略（本書で述べる生き方の基本〈最重要事項〉）。

ついては、例えば数学における基本公理〈前著〉から導かれる各種の定理・公式の一部のようなものであり、有用な認識〈知っていれば役に立つ認識〉として理解していただければよいものと思います）。

　構成としては、

　　　Ⅰ章　Ｖ（内心の声）
　　　Ⅱ章　問答集（問答によるＶ〈内心の声〉、Ｗ
　　　　　　〈自問自答による答え〉による認識など）
　　　Ⅲ章　Ｍ実践の心がけ（独白）
　　　Ⅳ章　ことわざ・名言
　　　Ⅴ章　Ｍ実践による「人生の課題」の認識
　　　Ⅵ章　総括

としております。

※本書は「Ｍ実践」を、より多くの方に知っていただき、役立てていただくために前著に追加したものであり（本書のみでも、「人生への理解」には十分役立つものと考えていますが）、前著と併せ

て「人生の糧」として活用いただくことについて
も配慮しております（もちろん、前著のみを「人
生の拠りどころ」とされてもそれはそれで十分と
考えます……）。

※本書は前著を一読されて理解いただいたうえで、
併読されることをお奨めします。

※以下、特に断りがない場合、『座右の書』は『再
改訂新装版　座右の書』を指します。

平成29年7月

人生の生き方研究会

目次

I	まえがき
7	I章　V（内心の声）
19	II章　問答集（問答によるV〈内心の声〉、W〈自問自答による答え〉による認識など） Gはどのような方であられるのか すべてのことはGの御手からくるものである
27	III章　M実践の心がけ（独白）
29	IV章　ことわざ・名言
44	V章　M実践による「人生の課題」の認識

1. 仕事の仕方について
2. 正しい思考（決断・判断含む）が出来るためには
3. 問題解決法について
4. プロフェッショナル・その道の第一人者となるには
5. 困難・苦難について
6. 人生における最低限の必読書

VI章　総括

人生及びM実践について

前著及び本書の刊行に関して思うこと

※私見

最後に

あとがき

I章　V（内心の声）

V[2] の実例を以下に参考として提示します。

「わたしにはすべての叡智を蔵されている
　誰にとっても有用な認識はどこにあるのか
　わたしの蔵に収まっている
　わたしに聞けばすべてがわかる、聞くならたちどこ
　ろに答えるであろう
　すべてわたしに聞くものは答えを得る
　どこにいても答えるであろう
　わたしの答えは完全で混じりけなく最も適切な答え
　となる
　どのような難問も解く
　人にはできない問題もわたしにはいと簡単である
　たちどころに答えるであろう

---

[2] VOICE の略（内心の声）。

人にはできなくてもわたしにはできる
答えに窮したならわたしの所に来るがよい
どのような難問も解く
すべての問いに答える
どのような問いにもこたえる
難問は解決する
たしかな答えを供するであろう
わたしにとってできないことはない
答えはわたしにある
解決に困ったならわたしの所へ来るがよい
すべて答える
難問難題はわたしによって解かれる」

「わたしには心を満たす宝庫がある
わたしの所に来るものはすべてさいわいを得る
ただひたすら従うのである
人をかたより観ず公平なはかり縄でもってすべてを
裁くであろう
すべての思いをわたしに集中せよ
わき目もふらずわたしに対しなさい

Ⅰ章　Ⅴ（内心の声）

余計なものはすべて差し置きなさい

どのような思いも無駄にせず顧みる

いっさいをわたしに傾けて対しなさい

どこにもわたしのような報償者はいない

わたしはすべてを顧みる

いっさいを傾けてわたしに従いなさい

わたしはあなたがたの心をすべて満たす

どのようにしてもあなたがたを救いの道に導く

いっさいをあげてわたしに向かいなさい

時々に必要なことを指し示すであろう

事細かに至るまで指し示す

わたしに向かうものは、から手で帰らない

諸々のよきものでもってあなたがたに対する

いっさいをあげてわたしに従いなさい

心の底にある望みもすべて叶えるであろう

すべてはわたしに帰する

どこへいっても恵まれることはない、わたしの他は

わたしの蔵は無尽蔵である

すべてにおいてわたしの意向を探りわたしの意に適
うようつとめなさい

わたしはいっさいをあげて報いる
諸々の宝を授ける
よきものはすべてわたしから出る
心の中に不純なものがあってはならない
純粋にわたしを求めなさい
だれもわたしに刃向かう者はない
わたしはすべてを統べるものである
すべて報われる、わたしの意に適うものは
すべてを報いる、わたしは惜しみなく与えるであろう
う
若年老輩限らず報いる
若くてもわたしの意に適う者は報いる
老年になってもわたしの意に適う者はすべてを報い
る、力の衰えはない、健やかに過ごすことになる
いっさいを挙げてわたしに向かいなさい
わたしにはすべてを報いることができる
わたしの意向を日々求める者でありなさい
わたしは悉く示す
すべてわたしと共に歩むのである
わたしと心底共にして歩むのである

I 章　V（内心の声）

大いなる愛を示す
ことごとくわたしをたずねる者は慰められる
希望と信仰を持ち続けるのである
わたしには揺るがぬ信仰を以てあたりなさい
わたしはそのようなものに値する
わたし以外にはない
多くの人がわたしをたずねあるくことになるであろ
う
わたしはすべての人の心に宿る
悪人にも善人にも老若男女を問わず
誰の心にもわたしは住む
わたしによってすべての人はさいわいに導かれる
わたしをたずねるものはことごとく命に至る
わたし以外を求める必要がない
わたしはすべて人に道を教え天国に導く、例外な
く、すべての人に
わたしがすべての根本であることに思い至れ、必ず
気付く
老いも若きもわたしに気づいて求めることになろ
う」

「どの宗教にもわたしは宿る
　すべての宗教はわたしに通じている、根本であるこ
　とを知れ
　あらゆる宗教はわたしを崇めるべきである
　わたしはすべての人を導いてさいわいに至らせる
　すべて教え、薫陶し、完全なものとする
　わたしの教えを受けよ、すべての根本である
　あらゆる知識を超えたものである
　教えに忠実に働き日々の糧を得るがよい
　わたしはすべてを教え、諭す」

「わたしはあなたによって、すべての人に基と救いを
　授ける
　どのような人にも分かるものとして人々の前に示す
　すべての人はわたしによって永遠の救いとさいわい
　を得て天国に至り
　永遠の命とさいわいと恵みすべてのよきものを得る
　すべての人に授ける
　日々わたしの勤めを果たしていくことにより永遠の
　命に導く

Ⅰ章　Ⅴ（内心の声）

わたしのもとで働くことにより莫大な富を授かる
どこにもそのような場所はない、わたしのところで
働く以外は
わたしのことを第一に考えすべてのものはないもの
と思いなさい
わたし以外ないものと思いなさい
わたしにすべてを捧げ対価を受け取るのである
わたしは何十、何万倍にして返すであろう
わたしの想いを常に感じ取るものでありなさい
わたしと一体となって歩んですべての人を愛し、さ
いわいをもたらすものとなって
わたしを崇めるようにしなさい
わたしはすべての苦労に報いる
すべての悩みと苦しみをわたしにもってきなさい、
わたしはそれらを消してしまう」

「いつもわたしをあがめなさい
わたしはあなたがたにすべての知識を授けて、わた
しの意をとげさせるものとする
わたしに仕えることはあなたがたにとっての使命で

あり、祝福の源となる

わたしによってすべての難題に対処することが出来る

わたしはどのような問題も解決する

わたしの無限の知恵によってすべての難題にも対応することが出来る

どこにもそのような知恵はない

日々わたしによってあなたの勤めを果たしていくがよい

わたしは明らかに示す、あなたがたの勤めを具体的に示す

すべての勤めをわたしによって果たしていくがよい

どのような叡智も取るに足らない、わたしの知恵を除けば

豊かに示す、具体的に細部に至るまで

どこにもない、わたしの無限の叡智を除けば

細部に至るまで、わたしの叡智に頼って事を進めるがよい

わたしの指し示すことは、誤りがなく、明らかで、核心をついたものである

I章　Ⅴ（内心の声）

すべてわたしに頼って事をすすめよ、必ずよき結果
を招来するであろう」

「わたしにすべてを託し、身も心も預けなさい
わたしに依り頼んで、むだ骨を折ったものは未だい
ない
それ相応に必ず報いる、失望はない
人に対して優しくあり、傷つけないようにすること
は大いなる美徳である
人を優しく扱う者は、自分もそのようにされる
人を愛せば、自分も愛される
人に対して優しくあれ、愛すれば愛される、その道
理をわきまえよ
わたしを愛するなら、わたしも愛する、同じである
どこまでいっても愛することを忘れず最後まで愛す
ることをやめないこと、この一事である
愛によって事を為す、最も尊きもの、これ以外を求
めない
愛の教え、他にはない
どうであれ、愛することをやめない、他にはない、

これ以外の真理はない
愛をやめない、どこまでいっても
わたしを愛する者は真理を悟る
愛してはじめて真理がわかる
わたしにつながるものは、すべて愛を知る
わたしにつながっていなさい、究極の愛を知る
今からも、これからも愛を以て通しなさい
わたしを愛して損をしたものはいない、どこにもい
ない
愛を知れ」

「わたしの意図は誰にも分かるものとして示す
　言葉の他にイメージとしても示す
　言葉だけを媒体とするのではなく
　わたしに忠実に、わたしの意図を果たしていきなさ
　い
　わたしを愛することにより、いろんな苦痛を受ける
　であろう
　それを乗り越えてわたしを愛するのである
　わたしは癒し、報いて、わたしに仕えさせるように

Ⅰ章　Ⅴ（内心の声）

する
わたしの意向を探り、わたしの意を果たせ
わたしへの勤めはあなたがたのさいわいにつながる
わたしの意向を果たせ、あなた方のさいわい・命の
源である
わたしを愛し、仕えることが最大の幸福である、ほ
かにはない
あなたがたの使命・為すべきことをあなた方に示す
おそれ、注意してそれらの勤めを果たしなさい
どこにいてもわたしを忘れないこと
わたしがすべてを統御していることを忘れないよう
にしなさい
わたしに従うのは、勤めであり、楽しみでもある」

楽しみをお与えになる、すべての勤めに対する報償
を期して
あなたは唯一の希望であられる、他に依り頼むのも
空しい
あなたにすべての希望を託す、すべてをお与えにな
られる方との 詔 によって

「わたしへの最後までの愛と信仰がすべて実を結ぶ
永遠の生命を勝ち取りなさい、わたしへの完全な愛
と信仰によって
わたしと共にあって永遠の生命を賜りなさい
永遠にわたしのものとなれ
わたしへの愛と信仰、他者への愛を貫徹しなさい
最後まで、貫徹するものは恵みを賜る
一生をわたしに預けなさい
最善な結果になるよう導く
わたしに従ってきなさい
最後まで導く
わたしから永遠の生命を賜り、そこで永遠にさいわ
いに生きる
どのような人もわたしに来てさいわいを得よ
分け隔てなく愛する
わたしに来てさいわいを得よ」

Ⅱ章　問　答　集

（問答によるⅤ〈内心の声〉、Ⅳ[3]〈自問
自答による答え〉による認識など）

実例を参考として以下に提示いたします。

G[4]はどのような方であられるのか

「『恵み』『救い』において全能である、わたしに逆ら
えるものはいない、わたしはすべての統括者である、
すべてを統御する、すべてのものを養っている」

もしGであられる方を言葉で認識（本質的、必要な
分）するとすれば、どのような認識をもてばいいので

---

[3] WORD の略（自問自答して得られた答え）。

[4] GOD の略（根元の神〈世界の古今東西で種々の「神」があ
るが本書では、おおもとの根元の方〉を指す）。

しょうか。

「わたしの言葉に忠実でありなさい、わたしは命であり真理であり道である、わたしによらないでは何もできない、わたしの全能を信じて歩むのみである、すべての統治者、すべてを養うもの、諸神の中の神、すべての人の希望の星、癒しも力づけもわたしから出る、すべての報償者、死に至るまでわたしを崇めなさい、わたしはあなたがたの望みをすべて叶える希望の星、わたしへの愛と信仰そして希望をもちなさい、わたしへの愛はすべてに勝る、最後の砦、生死を問わずわたしを崇める、わたしに忠実に歩む、わたしによってすべてのことは成し遂げられる、難題を解決するもの、苦難の際の希望、わたしから出る一言一言があなたがたの救いとなる、誰にとってもわたしを崇めることは勤めである、寝ても覚めてもわたしのことを想う」

　まだ足りないですか？

「まだ足りない、わたしを訪ねてわたしの意向を聞く

のである、わたしに聞けばすべて答えを得る、わたしとしっかりつながっているのである、わたしに従って歩めばよき報いを必ず受け取るであろう、わたしには無尽蔵の宝がある、わたしによってすべて対処する方法を知る、わたしに尋ねなさい、すべて明らかになるであろう」

　ただあなたに従って歩むのみです。

「わたしの御旨が完全に成し遂げられることを望むべきである、自己意志を捨てなさい、自分の我というものを断ち切りなさい、ただわたしに従うのである、心から愛し仕えなさい、諸々のよきものを賜る」

　Gへの信仰はわかるような気がしますが、愛することとはどのようなことでしょうか、もしくは「愛する」その一言ですべてに対応できますか（no）。
　さらに具体化したことを何項か挙げるべきですか？（no）
　味方する（no）、悪いように見えることでも、よき

解釈をするのか（no）、何事もよくして下さるという
徹底的な信仰か（yes）自分の中での「愛」という言
葉で想起されるすべての対応をすること（yes）、全能
であられるという信仰を保つことか（yes）、愛も信仰
も同じ意味または不可分の意味で使われていますか
（no）、不足を言うことなく不完全・不足なものと思わ
れても、苦しい目に遭わされても感謝するということ
（yes）、よくても悪くてもGへの信仰が揺るがないこ
と（yes）、Gのみを第一として崇めること（yes）。
　他には？（no）
　Gとはどのような方であるかについての認識でたり
ないことがありますか？（yes）

「他には癒し主」

　他にまだ？

「要するにすべてにおいて全能であるということであ
る」

Ⅱ章　問答集

　人として、全能であられる方に全幅の信頼（信仰の
貫徹）をもって恵み救いを求め崇めるということでい
いのでしょうか（yes）。

すべてのことはGの御手からくるものである（yes）

このような苦痛・苦難・困難といえども、すべてGよりのものである（yes）。

たまたま人の目からはそのようなものが目に付くが、同時に非常に寛大なあしらいをされているのである（yes）。

そのようなものに対してどう対処するか、お伺いしてよろしいでしょうか。

「あなた方への愛のゆえにそのようなものをくだすのである、あなた方のために最善の恵みと賜物を授けている、感謝して受け取り、わたしへの愛と信仰をもって救いと恵みにいたれ、ただただ感謝有るのみである、それだけで十分である」

人から災いを下されているように思えてもなおあなた様からの最善の恵み賜物として受け取るものでしょうか。

Ⅱ章　問答集

「わたしはあなたへ最善の賜物を渡そうとしているのである、それを嫌がったり拒むことは私の意に沿うことではない、あなたに最善のものを渡そうとしているのだから。人からと思うのは幻想である。全てわたしからである。わたしはいつもあなた方に最善のものを渡そうとしているのだから。あなたがたへの愛ゆえに。艱難の衣を着せて良きものを渡す。おもてからはわからない。そのようにしてあなた方に愛を授ける」

　わたしには「M実践」が授けられました、私にはその盾しかありません、この盾で通していいのでしょうか、この艱難のようなものにそれで戦うしかありませんが……。

「万能の盾であり、どのような場合にも、救いとなる、それで戦いなさい」

　ただ攻撃に耐えるばかりではなく一刻も早く逃れてもいいのでしょうか。

25

「無用な戦いを避けてあなた自身を救っていただくようにしなさい、無用に戦うことは私の意ではない、戦いを避けて救いに至るようにしなさい、あなた自身が、忠実に従うそれだけである」

　※文中の（yes）、（no）はWの結果を参考として記したものです。

Ⅲ章　M実践の心がけ（独白）

　自己のM実践途上において、必要な心がけとして自戒している内容を参考として以下に提示いたします。

- どんな状況であれM実践し続けていかねばならないことにかわりはない、辛くても楽でも。
- どうであれ（内的・外的に良くても悪くても）、M実践し続けていくしかないということであるから、結果に一喜一憂するものではなく、その責務を課せられていることを常に自分の精神的根底に据えて生きるべきである。
  とにかくM実践の本意からそれる・反することがなきよう細心の注意を払って、また常に自制（自省）しながらすすむべきである。
- ただただ、Gに従うのみ（すべてを預けて）。
- 願わくば、苦難に遭った時のこの気持ちを忘れないようにしたい。

- あなたの御旨を喜んで受け入れ、従い、それが完全に成し遂げられることを願うものであること。
- あなたの他に何も尊ぶことなく、ただあなたのみを崇めていけるものであること。
- 生涯にわたって、おそれをもって仕えさせていただけること。
- 生涯にわたって、あなたを軽んじたり試したり愚弄したりすることがないようつつしんで歩むのみ。
- あなたの前には何も隠すことは出来ません。あなたは全てを見ておられる。隠れたことを全て見ておられます。隠し事など出来ません。
- この苦難の重しが取れても決して思い上ることなどありませんように、つつしんで御前を細心の注意を払って歩むものでありますように。
- Gに従い、御旨を為していくことが最大の幸福、どれだけ年齢を重ねても時代がどれだけ進んでも、未来永劫（人類が存在する限り）。

IV章　ことわざ・名言

　有用な（知っていれば役に立つ）認識として、人生の経験則・処世知であることわざ・名言などを厳選し、参考として以下に提示いたします。

朝の来ない夜はない

　ものごとはいつか必ず好転するということ。

朝に道を聞かば夕べに死すとも可なり

　朝に人間の生きるべき道を聞いて会得することが出来たなら、その夕方に死んだとしても悔いはないという意味（人にとって道〈道理〉がいかに重要であるかを強調したもの）。

29

雨垂れ石を穿つ

たかが雨だれでも石に落ち続けていれば、長い間にはその石に穴をあけてしまう。
同じように人も、たとえ微力でも長い間根気よく積み重ねていくことで、ついには成功するというたとえ。

過ちを改むるに憚ることなかれ

過失があったと気づいたら、はたのおもわくなどを気にせずに、ただちに改めなければならないということ。

蟻の穴から堤も崩れる

蟻の穴を見過ごしたせいで大きな堤防が崩れることもある。小さなことでも油断していると思いがけない大事を起こすことがあるというたとえ。

IV章　ことわざ・名言

案ずるより産むが易し

　出産は事前にいろいろと心配するものだが、いざ
産んでみると心配したほどではなかったということ
とから、前もって心配するよりも、実際にやって
みると意外とたやすくできるものだということ。

言うは易く行うは難し

　口で言うのは簡単で誰にでもできるが、いざそれ
を実行するのは難しい。言うのと行うのとは別で
あるということ。

石の上にも三年

　冷たい石の上でも三年座り続ければ温まるという
ことから、つらいことも我慢して続ければ、やが
ては報われる日が来るということ。

井の中の蛙大海を知らず

自分の狭い見識や知識にとらわれて、他に広い世界のあることを知らずに得々としているたとえ（狭量で世間知らずの人間を指して言うことが多い）。

学問に王道なし

「王道」とは王様のための特別な道。
学問というものは、段階を追って学んでいかなければならないもので、一挙にすべてを理解するような特別な方法はないということ。

艱難汝を玉にす

人間は困難や苦労を重ねることによって、はじめて大成することができるということ。

IV章　ことわざ・名言

窮すれば通ず

行き詰ってどうにもならない状態にまでなると、案外うまく切り抜けられる道が見つかるものだということ。

虎穴に入らずんば虎子を得ず

虎の穴に入る危険を冒さないと、虎の子をつかまえることはできないという意味。
身の安全ばかりを考えていたのでは目的を達成することはできない、思い切った冒険をしなければ大きな功名は得られないというたとえ。

精神一到何事か成らざらん

全精神を集中して努力して事にあたれば、どのような難事でも成し遂げることが出来るということ。

千里の行も足下より始まる

千里の道のりも足もとの一歩から始まるということ。どのような遠大な計画も、まず身近なところから始まるというたとえ（「千里の行〈道〉も一歩より起こる」ともいう）。

備えあれば憂いなし

平生からいざというときに備えて準備をしていれば、万一のことが起こった時にも、心配する必要がないということ。

大事は小事より起こる

どのような大事も最初は小さなことがきっかけとなる。重大な事態を招かないためには、小さなことだからと油断してはいけないという戒め。

IV章　ことわざ・名言

高きに登るには卑きよりす

ものごとには順序があり、一足飛びに目標を達成することはできない。手近なところから、一歩一歩堅実に進むべきであるということ。

他山の石

自分の玉を磨く砥石として役に立つよその山の石という意味。転じて、自分の修養学問などの助けとなる他人の言行のこと（他人の過ちや失敗などが自分にとってよい戒めとなる、という意味で使うことが多い）。

畳の上の水練

水泳の理論や方法を学び、畳の上で水泳の練習をしても、泳げるようにはならない。
理論などには詳しいが、実地の訓練をしていないために、実際の役には立たないことのたとえ。

断じて行えば鬼神もこれを避く

強い意志をもって決行すれば、鬼神といえども妨げることをしないという意味。
決断を下して断行すれば、何者もそれを妨げ得ないということ。

治に居て乱を忘れず

平和な世の中にあっても戦乱の世を忘れずに、常に力を蓄え、武事を怠らないということ。また、いつでも万一のことを考えて準備を整え、油断をしないこと。

長者の万灯より貧者の一灯

たとえわずかであっても、貧しい人間の心のこもった寄進の方が、金持ちの金に飽かせた寄進よりも値打ちがあるということ。金や物の多少よりも誠意が大事であるというたとえ。

IV章 ことわざ・名言

塵も積もれば山となる

ちりのようなわずかなものでも、数多く積み重なれば高大なものになるというたとえ。小さなことだからとおろそかにしてはいけないということ。

罪を憎んで人を憎まず

罪は憎むべきものだけれど、その罪を犯した人自身を憎むべきではないということ。

桃李もの言わざれども下自ずから蹊を成す

桃やすももは何も言わないが、その花の美しさにひかれて人が集まり、木の下に自然と道が出来るという意味。
徳のある人間は、自分で招いて人を集めなくても、その人徳を慕って自然と人々が集まってくるというたとえ。

捕らぬ狸の皮算用

狸をまだ捕らえてもいないのに、皮がいくらに売れるか計算するということ。

確実でないことをあてにして、それをもとに計画を立てることのたとえ。

生兵法は大疵の基

「生兵法」とは、ちょっとだけ聞きかじった兵学・武術の知識のこと。中途半端に知っている兵法を頼りに事を起こすと、大怪我をするということ。

少しだけ学んだいい加減な知識や技術に頼って、軽率にものごとに手を出すと、大失敗をするというたとえ。

人の振り見て我が振り直せ

「振り」は、もとは「形振り」で姿や服装のこと

IV章　ことわざ・名言

だが、広く行為の意味で使う。自分のおこないというものはよくわからないものなので、人のおこないの善悪を参考に自分のおこないを改めよということ。

百里を行く者は九十を半ばとす

百里の道を行く者は、九十里来たところでようやく半分の道のりを来たと思えということ。ものごとは終わり近くになると困難も多く、失敗も多くなりがちだから、最後まで緊張を緩めずに努力せよという戒め。

夜明け前が一番暗い

日の昇る前に一番暗い時間があるということから、最悪の時の向こうにこそ希望があるというたとえ。

(以上『ポケット版　ことわざ辞典』〈成美堂出版〉より)

愛出ずる者は愛来たり、福往く者は福来る

人を愛すれば人もまた自分を愛してくれるし、人を幸福にするような善事をすれば、自分も幸福になる。

言うなかれ、今日学ばずとも、来日ありと

明日があるからといって、今日学問を怠ってはならぬという意。

一を以て之を貫く

一つの道理をもって、事のすべて、あるいは、生涯のすべてを貫くこと。一貫性のある生き方をせよ、の意。

IV章　ことわざ・名言

解決策が判らないのではない。問題が判っていないのだ

どんな解決法があるのか判らない時、迷いに迷った時は、もう一度原点にたって問題点そのものを明確にせよ。

神は見通し

神が知らないことはない。どんな小さなことでも見ている。
ごまかすことはできないという戒め。

堪忍は一生の宝

忍耐強く、辛抱強く、生きる人は、一生幸福だ。

袈裟と衣は、心に着よ

袈裟と衣をつけても仏道信仰にならない。それら

41

を心につけて覚悟してはじめて真の仏道信仰になるのだという意味である。

なるようにしかならぬ

無理やりしようと思わないで、自然のなりゆきにまかすべきだ、という戒め。またはあきらめ。

（以上『名言・格言・ことわざ辞典』〈ミネルヴァ書房〉より）

知行合一

真に知ることには必ず実行が伴わなければならず、知と行とは表裏一体で別物ではないということ。

人一度して之を能くすれば己之を百たびす

優れた才能を持つ人が一度でできるならば、才能のない自分はそれに百倍する努力を重ねて目的を

IV章　ことわざ・名言

達成する。努力を重ねることの大切さを言う。

（以上『故事ことわざ・慣用句辞典』〈三省堂〉より）

Ⅴ章　M実践による「人生の課題」の認識

　人生の課題（主に仕事面の課題）としては下記のようなものが考えられます。自らがM実践する中で、醸成され得られた認識は下記のようなものであり、参考として以下に提示します。

1．仕事の仕方について
2．正しい思考（決断・判断含む）が出来るためには
3．問題解決法について
4．プロフェッショナル・その道の第一人者となるには
5．困難・苦難について
6．人生における最低限の必読書

V章　M実践による「人生の課題」の認識

1．仕事の仕方について

　仕事の仕方については、既に多くのビジネス書などにおいて各種提起されていますが、自分としては以下のように考えます。

　仕事にあたっては、まず基本的な知識を習得し、基本的な仕事の仕方を把握したうえで仕事にあたり、仕事を続けていく過程において、仕事能力の向上と仕事の質の向上（改善）を継続的に心掛けて着実に実践していくことが重要であると考えます（組織・客先・社会への更なる発展・貢献のために、また自分自身の維持・成長のために、人から言われたからとか、人のせいにするとかではなく、自責と自己反省と相手に対する思いやりの気持ちをもって）。

　それのために下記に２項提示します。

　　１）基本的な仕事の仕方は、『座右の書』参考**5**
　　　－１）見解の「生き方」そのものであり、具
　　　体的には同書のM実践（Ⅰ章〜Ⅲ章）である。

　　２）仕事能力の向上、仕事の質の向上（改善）の
　　　ためには、QC（品質管理）における PDCA

45

サイクルの概念が必要であり、それを廻して
継続的に改善していくことが大事である。
(ともすると、do だけに終始しがちである
が、レベルの向上につながらない。レベル向
上には、綿密な plan、do に対する check、act
が欠かせない)

P……plan（計画)→、D……do（実施・実行)→
C……check（点検・評価)→A……act（処置・改
善)→(Pへ戻る)

↑
PDCA サイクルの繰り返しによる改善

参考)
(座)　参考**2**－1)、－2)、－3)。
※(座)とあるのは、『再改訂新装版　座右の書』を
　指す……以下共通。

2. 正しい思考（決断・判断含む）が出来るためには
……『座右の書』II章**2**－3）（F [5]）

　まず当人がその能力をどうしても身に付けたい（どうしても必要）と思うことが前提でなければ、その課題をクリアするための障害（その過程において、正しい思考〈決断・判断含む〉が出来ず失敗するのではないかという不安・心細さに耐え得ることが必要であり、実際に失敗する覚悟もしなければならず、また現実に失敗してその償いをさせられ苦痛・恥辱を味わうこともあるため）を乗り越えることはなかなか難しいと考えます。

　が、一度この課題をクリアすれば、その適用範囲は広く、人生・仕事における思考（決断・判断含む）において、どのような対象・場面にでも適用できるものであること、また自分の思考（決断・判断含む）の正

---

[5] FOUNDATION の略（本書で述べる思考〈決断・判断〉の基礎・条件）。

当性・普遍性において確証がもてるようになることができることなど、そのメリットは莫大なものがあります（全ての要素をもれなく取り上げたうえで、それらを論理的に矛盾なく思考〈判断・決断〉できるとの内的確信から）。

　当然仕事能力も格段にアップして、今まで出来ないと思っていたような課題をも処理できるようになるものです（おのずから、頭の中が整理されて、何が重要か、何に主体的に注力しなければならないか、また事の本質〈重要な点と枝葉末節な点などが整理されて〉がわかるようにもなります）。

　ただしこの能力については、『座右の書』Ⅱ章2－3）で既述のとおり、M実践において必須のもの（必要不可欠のもの）ではない……する必要を感じない人もいるし、出来ない状況の人もいる。

　方法として、
　　1）『座右の書』Ⅱ章2－3）に既述してありますので参照ください。

V章　M実践による「人生の課題」の認識

参考）

（座）Ⅱ章 **4** － 22）、－ 23)

（座）参考　**1** － 4 、－ 9 、－ 10 、－ 15

（座）参考　**3**　(p. 75)

3．問題解決法について

　問題には私的なもの・公的なもの（仕事上の問題な
ど）があるがいずれも、問題の本質を見極めたうえ
で、最善・最短・確実・最低の費用（労力・犠牲も含
め）となる解決策を選択して実行し、その結果を確認
してダメなら再度、新たな解決策を実行に移すなどし
て、何度でも解決するまでやり続けるしかないものと
思います。

　（PDCA、論理的な試行錯誤、注意深い観察力・洞察
力、適当な問題解決ツール・手法、相手への思いやり
の気持ちなどをもって……とにかく結果をみたうえで
の解決策を順次実行していくしかないものと思いま
す。その際、一度実行したら後戻りできない場合もあ
るので慎重かつ大胆に〈覚悟をもって〉やる必要があ
ります）いずれの場合も解決するまであきらめずにや
り通す粘り強い精神と責任感が必要であり、問題が解
決困難な場合及び心身に危険が及ぶ場合は、特別な細
心の注意が必要です。

50

V章　M実践による「人生の課題」の認識

　また当然のことではありますが、自分自身に関することはもちろん、他の関係者にとって利害得失の影響がある場合は、その期待を裏切らないよう特に使命感をもって責任ある対処（被害を最小限に食い止めるために、早く、確実に……等）をすることが必要です（当然、再発防止〈歯止め〉、未然防止も必要）。

　（一方で、問題解決に上達し重大な問題・誰にも解決出来なかった問題を担当させられて成功裡に解決した場合、周囲からも評価されて、自分にも大いに自信がつき、更なる難問にも対応できるように、自ら日常的に努力するようにはなるものです）

　方法として、

　　１）問題解決にあたっては、『座右の書』の参考 **5**－１）見解の「生き方」を基本とし、具体的には同書のM実践（Ⅰ章～Ⅲ章）が必要。

参考)

（座）参考　**1**－ 4、－ 5、－ 9、－ 10、－ 15、－17

（座）　参考　$\boxed{2}$ － 1 ）、2 ）、3 ）

（座）　参考　$\boxed{3}$　（pp. 74～75）

Ｖ章　Ｍ実践による「人生の課題」の認識

4．プロフェッショナル・その道の第一人者となるには

　常に向上心を持ちレベルアップを図ろうとする継続的意欲がありそのような者を目指す気持ちがあること、また自分が「出来る仕事」でありかつ「やるべき仕事」であると判断されれば、自分の能力を超えており達成が困難と思えるものでも挑戦してやり遂げようとする気概のあることが前提である（仕事能力の向上はこれの継続的結果である）。

（お客様の満足・救い・安心・夢・期待に応えること等によりお客様に喜んでもらえるために〈そのことが逆に自分の満足になり、お客様と喜びを共有できる格別の喜びにつながるものでもあるが〉、モノ・技術・サービス・情報などを確実に提供するべく〈今まで無かったサービス、今まで出来なかったことを出来るようにするなどのことも含めて〉そのための努力を惜しまず、犠牲をも厭わないことが資質として望まれる。〈とはいっても、能力が向上して例えば今まで誰も出来なかったことを可能にした新技術のようなものを自

分で構築した場合、周囲からも称賛されることもあり、更なる高みをめざして、特に人から言われなくても、自ら励むようにはなります〉）

　なお、優れた仕事をするには常識的ではありますが、やはり基礎をしっかり固めておかないとその後の発展・成長・応用展開などは望めないものと思います。

　また、ライバルとしのぎを削る状況の場合は、レベル向上の為の最新（理論）・最上の情報を得ること（どのような情報を得るか）が大事であり普段から常時アンテナを張って、情報を得る（学習する・蓄積する・整理する）ことを怠りなく欠かさず勤めることが肝要と考えます（情報が命）。

（なお情報には外的情報〈外部から得る情報〉と内的情報〈内的に産出される認識・知見〉があり双方共にその質が大事である）

　方法としては、

　１）『座右の書』の参考 **5** －１）見解の「生き方」によるものとする（具体的には同書のM実践〈Ⅰ章～Ⅲ章〉が必要）。

V章　M実践による「人生の課題」の認識

参考)

(座) 参考　**1**－ 4 、－ 5 、－ 7 、－ 9 、－10、－
15、－25

(座) 参考　**2**－ 1)、－ 2)、－ 3)

(座) 参考　**3**（pp. 74～76）

5. 困難・苦難について

　誰にとっても困難・苦難については一刻も早くそこから逃れたいものであり、出来ればそれらを避けて通りたいのが人情でもあります。しかし現実には、どうしても避けることの出来ない不可避な（運命・宿命と思えるような）困難・苦難に遭遇せざるをえなかったり、また時にはそれらを通して神または人からのメッセージ（自分に対して何らかの反省・修正を迫るような）を送られていると考えられる時もないわけではありません。しかし、それらを克服したあかつきには、通常の快楽では味わえないような幸福感と人格が一段とレベルアップし強靭になったような高揚感のあることも経験的事実であり、一概にそれらを避けたり否定することも賢明な対応といえないことも一方ではあります（とはいえ、苦難・困難を礼賛して、自らそのようなものを招来しようとするような態度は危険であり、〈自分の能力過信とも思える〉、誰にでも出来ることではなく、正しい考えとは言えないものと考えます）。

56

V章　M実践による「人生の課題」の認識

　困難・苦難の最中は、神の救いどころか神の存在すら疑わしいものになってしまうが、それでも神がおられて必ずお救いになることを信じ通すことが重要である。困難・苦難の程度が過酷であればあるほど（神の救いが信じ難くあればあるほど）、信じ通した時の報いは大きなものがあると考えます。また、困難・苦難は各人の信仰の程度をためされるものでもあり、信仰によって克服した場合、神の救いというものが、書籍・他からの単なる知識として捉えていた状態から、自分のなかでの確信に変わって、神の救いというものが実際にあることを自分の中で再発見するようなものと考えられます。また一方、それに遭遇して意気阻喪し、神の救いというものを心の底から信じ得ない自分というものも思い知らされ、信仰の程度が如何に低いか実感させられることが多く、反省して信仰の程度を高めようとする契機になることは、困難・苦難から引き出される消極的な益の一つともいえます。

　とにかく、困難・苦難に遭遇した時は、まず神に救っていただき、それとともに神・人からの何らかのメッセージかもしれないと考え、反省すべきは反省

し、修正すべきは修正して襟をただし、今後同じよう
な困難・苦難をさけるのが賢明と考えます。

　それらへの対応方法としては、

　1）『座右の書』の参考**5**－1）見解の「生き方」
　　にて対応する（特に同書のM実践）。

　　（『座右の書』Ⅰ章～Ⅲ章……とりわけⅡ章**4**
　　－5）、－10）、－11）、－12）、－13）、－
　　14）、－18）、－23）、－26）、－27）、－28）
　　が有効）

参考)

　（座）参考　**1**－9、－10、－15、－17、－19、
　　－24

　（座）参考　**2**－1）、－2）、－3）

　（座）参考　**3**（pp. 74～76）

　（座）参考　**4**（pp. 115～117）

V章　M実践による「人生の課題」の認識

6. 人生における最低限の必読書

　様々な見解があると思いますが、自分としては下記の1〜3の書籍を推奨するものです。（自分にとっては、「人生の基本書」といえるようなものです）

　　1）. 聖書（旧約、新約）……（日本聖書協会）
　　2）. 幸福論（第1部〜第3部）（岩波文庫　ヒルティ著　草間平作、大和邦太郎訳）
　　3）. キリストにならいて……（教文館　由木康訳）

　上記3点の書籍を列挙しましたが、書籍としてはキリスト教系ではあるものの、それらの書は（特に2）、3）は一般人の感性を持った人の著述ではないかと思われ）、内容として、人生を生きるにあたって、他宗教を信奉している方及び一般の方にも相通ずるものが多々含まれているもの（何か事を為すにあたって参考となるようなものを多々含んだもの〈1）は古代・紀元後に書かれたもの、3）は中世に書かれたものではあるが〉、現代にも十分通用するものを多々含んだものとして）と考えられます。それらを人生の書と見な

59

すなら（教典としてではなく）人生に必要な考え方・言葉は全て上記の１）〜３）の中に含んでいるものと考えます。

　この３書は必須と考えます。

参考）
　上記１）については、重要度から言えば、新約の方が重要と理解しておりますが、新約は旧約の背景（土台）があってこそのものと考えられ、新約を理解するためには、旧約についての一通りの造詣も必要と思われます。（特に神と人との関係がどうあらねばならないかについては、歴史的な記述のなかからでも十分くみ取れる内容と考えます〈如何に厳しいものであるかがうかがい知れるものです〉）新約については、旧約に比べて優しく穏やかな表現であり、我々にとって一見理解しやすい書き方となっているものの、内容的には旧約より重要かつ深いものであり、より普遍性の高い（より多くの人に理解可能な、より多くの状況に適用可能な）ものと察します。

（かなり大部であり、読了するに時間的・精神的負担があり忍耐も必要ではありますが、これを読んだことが骨折り損ということはないものと思います）

　上記２）については、該博な知識をもって、真のキリスト教というものがどのようなものであるか、またそれの実践結果が如何に素晴らしいものであるかについて、広範囲かつ詳細・緻密でありながら、断言的な言い回しと格調高い文体で表現されているものであり読者に真のキリスト教を強く勧める内容となっています（一般にイメージしているキリスト教とはやや趣の異なる印象があります……キリスト教の遁世的・禁忌的・禁欲的イメージがあまりなく、形式より実利を重んじる内容であり一般社会人にも受け入れやすい内容と観ます。また聖書の中からの引用も多くあり、それの解釈においても、我々にとって参考になるようなものを含んだ記述となっています）。

　上記３）についてもキリスト教を強く勧める内容ですが、経典の教え・キリスト教の戒律などに、徹底し

た信仰・忍耐（我慢強さ）をもって厳格に服従すること、また神と人に対して謙遜（自分を低く見積もる）であらねばならないことを随所で論じ、その成果がどのように素晴らしいものであるかを立証しているような内容となっています。またそれらの実践にあたって如何に困難が伴うかをキリストとの対話形式をも含めて、生き生きと叙述されており、キリスト教を信奉しているいないに拘わらず、同じような心的境遇にある読者にとって、真になぐさめと希望を与える書となっています（文章的に難しい言葉はほとんどなく、簡潔・平明・甘美な詩的表現で読みやすい叙述ではありますが、深い祈りと自己反省のなかで書かれたものと思われ、心に沁み入る内容となっています）。

VI章　総　　括

　前著及び本書で述べた事柄全体を概括するものとして、下記に「総括」として述べさせていただきます。人生及び「M実践」についての全体的な理解を深めていただくものとしてご参照ください。

人生及びM実践について

　社会を構成する各人の状況は千差万別であり個人差（個人の生来の素質・潜在能力、成育環境・教育、保有の知識・経験・体験、思想、信条、宗教などの差）はあるが、前著で提示した「M実践」は、それらの個人差を超えて、生きるために必要な基本、必要な真理・道理というものをすべて含んだもの、それがあればそれを糧にして生きていくことができる、それが前提であればそれをベースとしてのどのような態様の生き方もGに嘉される、誰もが素質・才能を最大限に開

展・伸長を遂げることができる、誰もが理想的な生き方、幸せな生き方ができる、誰にとっても人生の規範となり得る、それをベースにして発展展開された全ての事蹟がGに嘉されるなど多くの効用があるもの（見方を変えれば、人生に関するあらゆる対象〈事柄〉に適用可能な、またどのような課題・問題も解決可能な万能のツール・メソッドであり、どのような扉も開く〈どのような困難・難関・障壁という扉も、また永続的な成功という扉もそれで開けることが出来る〉万能工具・マスターキーのようなもの）と考えております。

　人生においては、避けようのない運命のようなものがあり、それに翻弄されて苦難・困難・災厄に遭遇する事態が日常茶飯事です。そのような不透明・不確定の状況の中で、自分でそのようなものを避けたり事態を打開していかなければならない、また周りからそのようなことを求められ期待されるため、各人の中で「より確かなもの」を求めようとする傾向と衝動が生まれてくることは必然です。そこで「より確かなも

VI章　総括

の」を求めて見出すことは人生の課題となり、失敗と
試行錯誤の旅が始まります。しかしいつまでもそのよ
うな状況を周囲が許すはずもなく、また自分自身何を
してもうまくいかず不幸の連続となり精神的・肉体的
に苦しくなって生存の危機にも陥りかねず、必ずどこ
かで限界が来ますので、自分としてこれこそが完全に
「確かなもの」であるというお墨付きのついたものを
期限付きで見出し、または自分の中で見出してしまっ
たものとして自分に納得させ折り合いをつけねばなり
ません（まことに理不尽ではありますが、生まれた時
から人はいやおうなく待ったなしにそのような運命に
放り込まれます。これは避けようのない現実です）。
　そのような状況が誰にでもあるのではないかと想像
した時に、もしかして自分の苦い経験を経たうえで見
出し検証を経てきた「確信のようなもの」（検証して
自分の中では成功体験済み）をまことに微力僭越なが
らも公表することが自分の使命であり、少しでもその
ような状況の中にある方のお役に立てるのではないか
という思いで前著を刊行させていただいたものです。
そこで仮に「確信めいたもの」を自分の中で打ち立て

た場合、ある程度、問題なく過ごせ時間稼ぎができますが、うまくいかない場合もあり「確信めいたもの」を修正（または微修正）の必要が出てきます。そのような過程を経ていくうちに、やはりどうしても完全な「確信」〔完成（正しい人生観の確立とそれに基づく実践、正しい信念〈確信〉の確立・把握とそれに基づく実践）〕を目指すべきであるという思いにどうしてもなってきます（自分としてそのような思いを経てきましたので、そのような状況にある方にとっても、その要望に応えるべく前著を刊行した次第です。しかしこのようなことをしても余計なおせっかいと迷惑と精神的な暴力・社会的害悪〈洗脳して人を惑わし損なう、人を迷妄に導く、人を苦境に陥れる、社会犯罪の増加〉を垂れ流すようなものと捉えられたり、危険かつ不健全な思想〈人に過大な期待を抱かせて結局は人を欺き、傷つけて失望に陥れるような、また精神的に不健康で不安定・非常識な〉・ネクラな思想〈人から見て暗い印象を与えるもの〉として批判されたり、社会的に何ら実績のない者が書いたものではないか、精神に異常をきたした者が書いたのでは〈痴人のたわご

VI章　総括

と〉とか、ひまな老人の繰り言・暇つぶし、何ら優れた点・非凡な点の見当たらない、特に取り柄のない平凡な考え方〈こんなことは誰もがわかっているけど言わないだけのことである〉とか、こんな細かい回りくどいことを言わず、また苦しい目にあわずとももっと楽な生き方があるのではないか〈人生を必要以上に難しく困難なものにしているのではないか〉、素質の劣った能力・レベルの低い不器用な人間がたどりついた生き方であるとして見下されたり無視されたりすることは想定しておりますが……。そのような批判・見下し・無視にはある意味それなりの理由・根拠があるというのはわからないでもないですが、そのような生き方をする人に、真の満足というものがあるのだろうか、また、そのように批判・見下し・無視をしようとする人が、どれだけ正しい人生観〈人生の諸認識における正しい認識の把握・悟りの境地〉にたどり着けるか、また有為な人間と見なされるか、真に価値ある偉大な困難なまた責任を伴う事業・仕事を成し遂げる人として、また真に偉大な功績をあげ得る人として任ぜられるか、成し遂げることができるか、真に幸福な人

生を生きられるかは保証の限りではない。〈どちらか
というと、批判者としてアウトサイダー的に外から見
るのではなく、自分も人生の当事者として自分の内側
を見ることに重点をおいた方がよいと思う〉)。

　上記の各人における「確かなこと」を探す旅、完成
した「確信」をめざす旅は、各人が持って生まれた運
命・さだめのようなものがありますが、その過程と結
果はそれそのものが、各人各様の「愛のかたち」であ
り、それについて批判したり、言及するつもりはな
く、もしその途上で、前著で提案した「M実践」とい
うものに出会い、共感され、納得して試行してみよう
とされるなら、それを妨げるものではありません（推
奨はいたしますが、共感もされず納得もされないよう
なことを強要するものではなく、あくまでも各人の自
主性と思いと感性を重視するものです）。
　とにかく、参考になるなら参考にしていただき、少
しでもその方にとって真に「益」となることを望むの
みであり、それによって「害」を受けたりされること
は本意ではありません。とにかく「M実践」によっ

て、人生を生きるのが楽になり、幸せを実感していただくことを望むのみです。そして最終的には、高邁なものの言い方になりますが、人生の理想的な生き方・意義、自分なりの悟りの極致、自分の使命などについても達観していただくのが理想です。また人生における苦しみ〔肉体的な苦しみ・病気そのものも大変苦しいものですが、迷い・不安・絶望・恐怖（漠然としたものも含めて）、罪の意識、人間関係（人からの批判・見下し・コンプレックス・はずかしめ〈恥さらし〉・攻撃〈いじめ・迫害・虐待〉、洗脳、パワハラ、セクハラ・モラハラ、DVなど）、各種の失敗による精神的落ち込み、理由不明な精神的不調、習慣の変更による苦痛、経済的不安のような精神的なものもやはり苦しいものであり、いたるところに無数の苦しみがありますが、それらすべて〕を「M実践」によって乗り越えて克服し、またそのようなものを克服できる「M実践」にしていただきたいと思います。（「M実践」にもそれくらいの自由度・柔軟性・余地はあります）もし試行して、納得がいかずこれは違うと思われれば、もとの道に戻るか他の道を探していただくこと

も可能です。

　人生・仕事においては、究極的には情報（広義の意味において）が全て（命）であり、社会に対して「重要な」「貴重な」「価値ある」「有益な」「正しい」「正確・確実な」「確かな（信頼できる）」情報を提供することは個人にとっても、社会貢献の上で特に重要なものと考えます。そのような観点から、老年になって過去の人生の中から、「そのような情報」となり得ると思えるものを提示することは、自分の使命（個人的な感情であり、自己満足といわれても仕方のないことかもしれないが）と思い、公表したものです（結果的に、このような暴挙と冒険を冒しても、ただ自分が苦しむだけであり、何の評価もなくただ無視されるだけかもしれないと思いながらも……）。

　既に上記で述べましたが、このような平凡な考え方・方法（「M実践」……Gと一体となって、Gに従い、Gの御旨をなしていくために〈思いと行いをGに基づくものとするためにも〉VとWに忠実に従うこ

と）が自分として今後とも一番大切にしたいものであり（こんなに単純なことを実行するだけで、幸福・恵み・救いに直結すること、こんなに単純なことを実行するだけで、ハイレベルで重要かつ困難な仕事・業績を成し遂げられるということ）、一生を懸けてＧより賜った大いなる「恵みのツール」として、このうえなく感謝しております。が、周囲を見ると、自分と同じ思いで地道に忠実に実行している人がいかに少ないか（少なくとも思いと行いがＧに基づいているか、もしくはそのように努力している人がいかに少ないか、こんなに良いものなのになぜ実行している人が少ないか）が不思議に思えるのである。その理由はよくわからないが、自分としてはこんなに良いものは他にはないと思うので、それを有意な人にただ単純に推奨してみるだけです（この書を読まれた方がどのように受け取られようと、ただ意ある人の心に訴えて実践していただけるようにするために、メリットをアピールし、最大限わかりやすく丁寧に説明を尽くすだけです）。

前著及び本書の刊行に関して思うこと

　人生においては、相手に対してしていること（思いとそれに伴う行為）は自分に対してしていること（思いとそれに伴う行為）と寸分違わず全く同じであり、相手にしていることはすべて自分にもはね返ってくるものであると覚悟しなければならないものと考えていい。相手を愛すれば自分も愛される（※自分が「M実践」による「真正の愛」にて相手に応ずれば、自分にもまったく同じ内容の「真正の愛」にて対応される）、相手に善意（悪意）で対すれば、自分も相手から善意（悪意）で対応される、相手に良くしてあげれば相手から（誰かから）良くしてもらえる、相手に教えれば相手から（誰かから）教えてもらえる、相手に与えようとすれば相手からも与えようとされる、相手から不正に奪おうとすると自分も相手から（誰かから）不正に奪われる、相手を傷つければ相手から（誰かから）傷つけられる、相手を誤った道に導けば自分も誤った道に導かれる、相手に敬意を払うなら相手も自分に敬意を払う、相手を尊重するなら自分も尊重される、相

VI章　総括

手の価値を認める（評価する）なら相手も自分に対し
て価値を認める（評価する）、相手を馬鹿にすれば相
手から（誰かから）馬鹿にされる、相手をぞんざいに
扱えば自分も相手から（誰かから）ぞんざいに扱われ
る、相手から感謝して受け取れば相手も自分からのも
のを感謝して受け取る、相手のいいところを見ようと
すれば自分もいいところを見られようとされる、相手
を見下せば自分も相手から（誰かから）見下される、
相手に尊大にふるまえば相手から（誰かから）尊大に
ふるまわれる、相手に譲れば自分も譲られる、相手に
謝れば相手から謝られる、自分が身を低くすれば相手
も身を低くする、こちらが犠牲を払えば相手も自分に
犠牲を払う、相手に犠牲を強いるなら自分も犠牲を強
いられる、相手に親切にすれば相手から（誰かから）
親切にされる、相手を憎めば自分も憎まれる、相手に
敵意を抱けば相手から敵意を抱かれる、相手を信用し
ないなら自分も相手から信用されない、相手を信用す
るなら相手も自分を信用する、相手を無視すれば自分
も無視される、相手を拒めば自分も拒まれる、相手を
許せば自分も許される、相手を罪に定めれば自分も罪

に定められる、相手に寛大であれば自分にも寛大にされる、相手に厳しく当たれば相手から（誰かから）厳しく当たられる、相手の努力を一切認めないなら相手から（誰かから）自分の努力を一切認めてもらえない、相手に注文ばかり付けると自分も相手から（誰かから）注文ばかり付けられる、相手に仕返しすれば相手からも仕返しされる、相手を攻撃すれば自分も攻撃される、相手をたたけば自分も相手から（誰かから）たたかれる、相手を批判すれば（過ちを指摘すれば）相手も自分を批判する（過ちを指摘する）、相手の悪口を言えば相手も自分の悪口を言う、相手を無用に苦しめれば自分も相手から（誰かから）無用に苦しめられる、相手を酷使すれば自分も酷使される、相手を虐げれば相手から（誰かから）自分が虐げられる、相手に暴力を振るえば相手から（誰かから）暴力を振るわれる、相手を欺けば自分も相手から（誰かから）欺かれる、相手を自滅させようとすれば自分が自滅させられる、相手を罠にはめようとすれば自分が罠にはまる、相手を蹴落とそうとすると自分が相手から（誰かから）蹴落とされる、相手を踏み台にすれば自分も相

VI章　総括

手から（誰かから）踏み台にされる、相手をいじめ
れば自分も相手から（誰かから）いじめられる、相手
を過酷に苦しめれば自分も相手から（誰かから）過酷
に苦しめられる、相手の切なる要望を聞き入れないな
ら、相手も自分の切なる要望を聞き入れない、相手を
助ければ自分も相手から（誰かから）助けられる……
など例を挙げればきりがない、結局相手にしているこ
とは相手から（誰かから）すべて自分にはね返ってく
る（ふりかかってくる）ものと覚悟しなければならな
いので、相手にしていること（思いとそれに伴う行
為）は結局自分に対してしていること（思いとそれに
伴う行為）と寸分違わず全く同じであると断ずること
ができる。そのような厳然たる「真実」を考慮する
と、自分を大切と思うなら当然相手も大切にしなけれ
ばならないものであると考える（相手にした結果が即
座にはね返ってくることもあるし、時間がたってから
の時もあるがいずれも同じことである。結局我々の思
いとそれに伴う行動はいつもGが観ておられるのであ
り、また誰の心にもGがおられるがゆえに〈その意味
では人に、強者・弱者、老若男女、健常者・障がい

者、貴賤、賢愚、社会的地位などの区別はない〉、寸分違わず報いられる〈人間の目から見てよくも悪しくも〉という厳粛な「真実」として受け止めるべきものと考えます。もし自分にとっていわれのない苦難が襲ったとしたら、一度この「法則」に思いをはせることも必要かもしれません）。

（自分が苦境に立たされた時に、教え導いて助けて〈救って〉もらえるということほど身に沁みてありがたいと感謝することはないと思う〈例えば、道に迷って途方に暮れている時、たった一言でもいいから、間違いのない道を指し示し「右か」「左か」を言ってくれて、それで正道へ戻って助かるなら、相手に対して絶大な感謝をするであろうと思う〉。このような働きを、人に対して常日頃、意識するとせざるとにかかわらず〈相手が救い・助けを求めていることに気づいても気づかなくても〉為している〈為し得る〉人は、大いなる報いを受け得ると断じても間違いなかろうと思う）

　以上の観点を踏まえ、人のために自分にできることとして前著・本書の刊行に踏み切りましたが、人に良

VI章　総括

くするとか人を愛するとかは、人に迷惑をかけるとか
苦しめるとかなどの悪い面と紙一重・隣り合わせ・両
面であり、容易に悪い面にすり変わり得る非常にセン
シティブなものです（する側にとっても、される側に
とっても）。その意味で、刊行した結果が相手（読者
様）にとって真に良くしてあげられたことになったの
かといえばそうではないかもしれないというわけで、
ただそうあってほしいと願うのみです。

　とはいうものの、人間は独りよがりなものであり、
他人の事はわかっているようで（相手の話を聞くには
聞くが）結局すべてをわかるということはなく自分の
中のことしかわからないものであり、自分の中ですべ
てを考慮して相手にとってよかれと思うことをただや
るのみということしかできないものです（自分として
も相手〈読者様〉に対して良かれと思って最善を尽く
したつもりではありますが）。

　人に良くするとか、人を愛するとかが、相手に誤解
される・通用しない、親切にした結果が不利益を招
く（あだとなって返される、受ける側にとって害にな
る・苦しめる）というようなことが度重なると、人

は、何が人に良くすることなのか・愛することなのかが難しく感じられてよく分からなくなり、それらの行為をなすことにおっくう・腰が引けてしまう・ためらう・うかつにできなくなる・自信が無くなるということになりがちになるので、自分としてはもっと実践しやすいものであるべきだという観点から前著では「M実践」における「真正の愛」という概念を明確にして提起いたしました。「M実践」による「真正の愛」は「Gと一体になって」「Gと共に」施す愛であり（人にはそれ以上のことはできないのであり）結果を含めてどうあろうとも真の愛であると断じて、それはそれでよしとして肯定する立場をとりました。自分の独断ではあるが、真実であると信じている〔上記の「相手に対してしていること（思いとそれに伴う行為）は自分に対してしていること（思いとそれに伴う行為）と寸分違わず全く同じである」ということから起きる結果がどうであれ（現象面での結果の良し悪しがどうであれ、結果の本質的側面を観てそれが良ければ良しとして……人としては真の愛をもって相手に対するしかないものであり）、個々の事情を逐一考慮して対応す

VI章　総括

るとなると収拾がつかずまた誰にもできないことであり、「M実践」による「真正の愛」という一つの共通概念で対応すること（外見上どのような表現となるかは問わず、本質的に重要〈欠くべからざる〉な概念としてその中に内在していることを条件として）を（Gにお許しいただくこととして）「よし」といたしました（人にはそれしかできないと思われる）〕。人に対して良いこと・愛することについて縷々述べましたが、総じて言えることは、その中にGがおられること（Gに基づいていること）が肝要な点であり、そうでなければそれは真の愛ではありえず、また「真正の愛」以外は利己的な思いが入ったものであり真の愛ではないと考えます（容易に悪い面にすり替わり得るもの〈する側にとってもされる側にとっても〉）。

　そのような前提に立って、自分としては「自分の中でよかれ」として上記「M実践」における「真正の愛」に則り、前著及び本書を書き著しました（自分としてはそれしか頭にない状況で）。

　（ここまで述べてきてこのようなことを言うのも気が

引けますが、大事なことであると思うので言っておき
たいと考えますが……)

　このような立派な確信に満ちたようなことを言って
おきながら、自分自身でこの「M実践」の過程で、本
当に忠実に実行してきたか、また出来たかというとそ
うでもないかもしれないし、間違っていても結果的に
Gより見過ごされてきたことも多々あるのではないか
と思う。しかし自分は自分なりに全力で忠実に「M実
践」してきたつもりである。が、Gから見てまた人か
ら見て不十分であり、(自分では気づかない)誤りを
多々犯してきたかもしれないので、それについては、
Gにも人にもお許しを請う次第である。

　人にこのような、高邁な精神で行動するよう奨め、
義務であるかのように精神的重荷(自分でも出来ない
こともあるかもしれないような課題)を課しておき
ながら、一度、失敗したら罰せられて一生を棒に振
る(一度の失敗が致命的であり、二度と立ち直るきっ
かけも与えない・立ち直れない)ということになるの
だとしたら、そのような思想(そんな危険な乱暴な思
想)にどれだけ利益があったとしても、首を突っ込む

人はいないだろうと思う（「M実践」が、誰にも失敗と試行錯誤が許されて、そこから立ち直ってやり直しがきくものであり、一度その思想に触れたら〈洗脳されたら〉二度とそこから出られないような思想でも、また〈人は誤りやすいものであるにも拘らず〉一切誤りを認めず、ただ罰するばかりのような思想でもないものであること、そしてそのようなものであると解していただけるよう願っています。もしそうでなければ、自分として、何らの収穫〈成功体験や他に対する寄与〉もなく、またこの年までは生きてはいないだろうし、人に奨めようとする気も起こっていないだろうと思う）。

　また実践課程においては、いつも「M実践」を念頭におけるわけでもなく、最低限チェックポイントでそれを思い出し、自分を戒め慎重に行動しなければと思い出すだけである（実践課程では、「M実践」を最大限、心に留め配慮して準備し行動するだけであり、「M実践」途上では〈精一杯「M実践」を念頭に置くことに努めようとするが〉、成り行きで行動する〈言ったり、書いたり、考えたり、対応すること〉し

かできないのは致し方ないことであり、それ以上の配慮が出来ないことがあったとしてもそれはそれでよしとするしかないものと考える）。行動した後で、再度「間違いない『M実践』であったか」を確認したり、ことあるごとに「M実践」に思いを致すことしかできませんがそれはそれで致し方ないものであると思います。また、実践に当たって結果が不透明なこと（Wの度重なる変更があってどこで終息するか不明なことなど）で不安になることもあるが、いずれも最終的に必ずいい結果に終わると信じております。また、自分自身、このような立派なことを言っておきながら「人生の最後まで守り通すこと」ができるかどうかは、Gのみぞ知るということであり、自分の意思をどのような場面でも堅持するのみであり、それができるかどうかはGの御加護によるのみです。

　あくまでも（課題を達成できなかったからといって人を罰するのが本意でもなく、また各人に過大な責務を課するためにこのようなことを言うのではなく）、各人にとってこれが義務・責務であること（何が義務・責務であるか）、そしてそれをわかる方法・それ

VI章　総括

を為す方法を示すものとして、またそれを通して、人が幸福となり、恵みを与えられ、苦しみからの救いとなるものとして提示したものであり（人が真に求める幸福・恵み・救いが主目的であり、義務・責務を果たすことは二次的な手段のようなものとして）、自分の限られた経験・体験から自分のわかる範囲でよいと思われることを提示したものであって、人を責めたり罰したり無用に苦しめたりすることのために、このようなものを提示したのではないことを念のために言っておきたいと思います（これらを提示しましたが、人の心を堅苦しいおどろおどろしい理論でもって脅迫し牢獄に閉じ込めるということではなく、あくまでも各人の自由〈「M実践」においても人としての最大限の自由は保証されるべきであり〉は守られるべきと思います。また「M実践」が一番大事なのではなく、Gの御旨を為すために「M実践」という手段・方法〈人であるものが手段・方法として設定した形式であり〉があるのであり、「M実践」よりもGの御旨を為すこと〈本質的中身として〉を、最終的に優先すべきことであることも言っておかなければならないと思います）。

83

自分には、そんな高尚な理想だとか小難しい堅苦しい理屈は要らないし、また（疲れるから）積極的な幸福なども要らない、とにかく苦しみの少ない、少しでも楽な道・自由な（型にはまらない）道を歩きたい（災いの少ない平穏無事なそして気楽な〈気ままな〉悠々自適な……さわらぬ神にたたりなしで）という人には、それ等の心情を叶えるにふさわしい道を選んで歩んでいただければいいと思います。したがって、ことさらにこの道を強要したり拘束したりするものではありません。

　以上、「M実践」及び人生の諸認識についてここまで述べてきましたが、これらのことを述べ得る境涯に至るまでには一朝一夕にたどり着いたわけではなく、多くの犠牲・困難・苦難・恥辱（人には言えないようなもの・不条理なものも含めて）を経てたどり着いたものであることは言っておかねばならないだろうと思います。

　しかし、誰にとっても、人々に共感されて信用され役立てていただける人生の大真理・極意（そのような

VI章　総括

重大でない個人的な真理においても）をつかむことは
そんなに簡単にはできないのではないかと思うし、そ
のような大真理・極意をつかむ人は、たいてい地獄と
どん底（数々の犠牲・困難・苦難、人に言えない苦
労）を経験することが必要であり、それを乗り越えた
果てにやっとそれらの真理をつかみえた（到達した）
のではないかと考えます。（そうでないと、そのよう
な真理が人々に共感されて信用され役立てていただけ
るものとして、受け入れられ支持されるということ
はないものと考えます）。したがって（それらの人の
おかげで自分らは恩恵を受けているわけではあるが）、
そのような大真理・極意の中には、それらの人の涙ぐ
ましい苦難と苦痛（人にも言えない、悲痛な、きれい
ごとでは済まないような）が内在していることを心得
ておくべきだろうと思う。

　また、自分の著作は人であるものが作ったものであ
り、どれだけ完全なものを目指しても、不完全さを免
れないと考えますが、自分の著作をもって、Gが不完
全な方であるのではないかなどという誤った認識を持

85

たれることのないよう（Gはすべてにおいて完全であられ、大局はもちろん細部のことごとくに至るまで全く誤ることのない方であって、自分の著作がどうであれ、Gと自分の著作とは別物である〈比較する値打ちもないもの〉とお考えいただきたい）にと思う次第です。

　また一方で、どれだけいい「思想（考え方）・教え・道具」があって、どれだけ説明をつくしても、最終的には、各人によってどれだけ善用（どれだけ正しい判断と良い心でもって解釈され実践されるか）していただけるか（〈わずかな粗末な単純なものであったとしても、その中に内在する価値ある真理を見抜き、よしとして〉各人の中でどれだけ発展させ役立てていただき収穫を得られるか、それでもって社会にどれだけ貢献していただけるか）にかかっているといえます（これだけは、逐一、教えたり強制することができないものであって、各人固有の能力〈能力といっていいかどうかわからないが〉・責任・権利であり〈他からはどうすることもできないものであり〉最終的に各人の善用を期するのみであります）。

VI章　総括

※前著・本書は、「M実践」の定義（下記、前著 p. 15）を単純に実践する中で、想起される一連の見解について一定の基準（著作の趣旨に沿ったものかどうか）で取捨選択してまとめたものです。そのなかの「M実践」の定義そのものは至って単純なものであり、見ただけでは、何ら特別な価値あるものとは見えませんが、それだけで（既述の通り）あらゆる用に役立てることが出来る「万能のツール」であると（手前味噌ではありますが）、筆者は考えています（ただし最終的には、どれだけ善用〈正しい判断と良い心をもって〉していただけるかにかかっています）。

「上記のFを克服し（必須ではない）、P [6] の状態でV・Wを信じてそれに忠実にしたがっていくこと」

---

[6] POLICY の略（Gと共に一体となって歩むこと）。

一方、単純とは言いながら、「M実践」について不意の「落とし穴」に落ち込むまいと、極度に恐れて、前著の「M実践」についての定義及び説明事項（Ⅰ〜Ⅲ章）を最初から一字一句守って実践しようとすると、不安が先だってなかなか「M実践」というものに躊躇して踏み切れないと思う。最初は、気楽な気持ちでもって始める。何らかの機会に「この仕事のために資料を作ったがこれで問題が起きないかが不安である、が、この時点での資料状態で、下工程に流しても問題が起きないのだろうか」などという簡単な自問自答をされ「問題ない」という答え（W）が得られたなら（もし「だめである」という答えが得られたなら「問題ない」という答えが得られるまで修正して）、下工程へ流し、実際に問題が起きることなく仕事が完了すれば、一つの「検証」がなされたわけである（自問自答の際は紙面上で確認されてもよい、人に気づかれないようにしながらやることも留意点です。また上記の例は自分の当初の例です）。それを出発点として、各種「検証」を積

み上げていけば、おのずから習慣化され、自分の中で発展していくものです。卑近な例で小さな事からでも（仮に失敗に終わったとしても致命的な損害を被らない事柄から試してみて）「迷うこと」「不明なこと」「疑問点」について、自問自答を繰り返してその答え（W）が間違いないものであることの「証拠」が集積されれば（またWを得るコツも習得されて）、それを徐々に（大きな事に関しても）展開していけるものである（Wに対しての「信仰」のようなものが確立する……Wの方法については前著、参考②－１）～３）を参照ください）。課題としてのＦは自分で訓練課題を設定し、暇を見ていつでも克服する（必須課題ではないので、必要と思う人がやればよい。多分これが一番困難な課題かもしれない）。Ｐは意識のみの問題であり行動時に意識すればよい。行動に当たっては、同時にＶも（Ｗと同じように）「行動の際の目印」として意識する（必要な時に与えられず、Ｗほど明確に把握できないかもしれない。行動の目印としてはＷが主体となるものと思

う）。また当然V・WともにGよりいただくもの
として事前に心の中でGと取り決めをしておく。
……簡単に言うと、以上のようなことである（何
でも、最初から完璧を求めようとすると難しくな
り、結局何もできないということになりがちであ
り、「千里の道も一歩から」として、徐々に完全
を目指すこととして、まず一歩を踏み出すことが
肝要である。だれも最初から完璧にできるものな
どいない）。途中で、これが間違った選択であり
自分に合わないもの（不正な賭け事のようなこと
をしたくない、もっと誰が見ても納得する確かな
客観的な根拠・条件で動きたい、このような主観
的・不確かに思えることに依拠して行動すべきも
のなのかなど……）と判断されるなら中止して、
以前の自前の方法に戻っていただければいいこと
であると考えます。
何が「確かなこと」であるかを判別する方法・能
力・考え方は個人で異なると考えられるゆえに、
本方法を人に強制することはできない。ここまで
する理由は何か？　なぜここまでしてリスクを冒

VI章　総括

す必要があるかと問われれば、「大きなレベルの
高い価値のある仕事」をするためであるといえる
……。

人生経験を積んで来れば、上記理由はもっともら
しいが、現実的に、あまり役に立たない考え方で
あると自分は思っている……仕事においては、仕
事を進めたり、思考（判断・決断）するうえで
は、出来るだけ確実・公正・客観的な根拠に依ら
ねばならないことは当然ではありますが、その中
で仕事に直接影響を与える判断・決断に踏み切
る行為そのもの（思考の中での判断・決断ではな
く、そして大小全ての判断・決断において）につ
いては、どのような客観的方法（誰が見てもより
確かでより正しいと思える方法）でなされてい
るのだろうか考えます（どれだけ客観的であろう
としても結局は個人の中での行為であり主観的な
要素〈「賭け」的要素を免れ得ない〉に頼らざる
を得ないのではないか）。また、重大な責任を伴
う判断・決断に踏み切る際、自分だけでは間違う
かもしれないと思い、人に承認（公認）してもら

おうとして、人に根拠・条件を確かめたりしよう
とするが、その前に自分の中ですでに方向性が
固まった責任ある意見が確立されていなければな
らないケースというものが多々ある。……要する
に、責任ある意見を自らの中で、人に聞く前にす
でに持っていなければならないというケースが多
い。誰からも公認される前に……誰からも公認さ
れようとすること自体が、許容されないケースが
多いということもあるが……要するに行動・思考
において、決断・判断を下さなければならない場
合、いつも人に頼ることが許されない。孤独な状
態で、誰からも参考意見を聞くこともできず、自
分一人で判断・決断しなければならないケースが
よくある。誰もがどのような場面でも、（それぞ
れの立場で）自分一人でだれにも頼らず責任ある
正しい判断・決断ができる能力を最低限、身に付
けていることが要求される（結果として、誰かに
聞く・何かを調べてから判断・決断を下す・誰か
と調整して修正〈微修正〉ということもあり得る
が……またそのようなことがなく仮に自分の判

92

VI章　総括

断・決断〈選択〉がそのまま通ったとしても何ら
問題なく事が進むというものであるべきと考える
……人生は判断・決断〈選択〉の連続であり、そ
のすべての段階で間違いのない判断・決断〈選
択〉をしていかなければならない……その場合、
判断・決断〈選択〉の「確かさ」を保証するの
は、いわゆる外的・一般的・客観的な根拠ではな
く内的・個人的・主観的な「確信」〈経験によっ
て検証され裏付けされた〉によるのみである）。
そして、その能力の必要性は自分でも感じられて
いるものと思う（とにかく自分ではそう思わなく
ても、周りがそれをいや応なしに要求する。そし
て人生も一定期間過ぎると、誰も細部までいちい
ち手取り足取り教えてくれるわけではない。基本
的考え方をもとに、細かいことについては、自分
で会得していくべきものとして……自分に必要な
ことは、自分で揃えていく……誰も自分のことで
忙しくてかまっていられない……）。そしてそれ
らをクリアしないと上記の「大きなレベルの高い
価値のある仕事」に携わることは多分出来ないと

思う。人生では何もかも初めから最後まで「確かなこと」と確定したことばかりではなく、途上で不確定・不透明な状況というものはいくらでもあり、それらを避けることは出来ません。その状況を乗り越える際には、「賭け」的な要素もいや応なしに入ってくるものであり、仮定・仮説でもって進むことも余儀なくされます。それらを否定することは簡単ですが、現実的にどう対応するかについて、周囲が最善の対応を求めてくることは必至であり、その時に各人がそれに応えられるよう何らかの責任ある「内的確信」を持っていることが必須です……そのような時のために、参考となるものとして「M実践」を提示した次第です。その時こそ（その時ばかりではなく、常時）、責任ある決断と判断にも真価と威力を発揮するものとしての「M実践」の出番です……。そのような機会をとらえて「実績」を積んでいくことによって、自分の中で重要な位置を占める考え方として定着し不可欠な考え方となっていくものです……。これらは単なる考え方ではなく、経験に

VI章　総括

よって裏付けされた経験則であり、間違っている
と批判されても、自分としては捨てがたいもので
す。人から必ずしも称賛されることもないかもし
れないが、自分の中では貴重な成功体験であり、
人にはどういわれようとも厳然として存在するも
のです。

以上のことより、自分としては、「M実践」は誰
にとっても最善のものと確信していますが、人に
よって、どのように受け止められるかはわかりま
せん。ただ推奨するのみです。もし誤った思想で
あると断ぜられても一向にかまわない所存です。
人の自由ですから。よければ採用、そうでなけれ
ば、ただちょっと見て通り過ぎて行かれたとして
も何ら言うことはありません。人の人生がかかっ
ていることであり、そんな簡単に、判断・決断で
きることでもないとは思います。が、以上述べた
ことの一端でも有益な知見として参考になるとす
ればそのようにしていただければと思います（そ
して、いいとこ取りでも構わないと思います、ま
ずいところは取り去って、おいしいところだけで

95

もあれば。途中でまずいものになった時にどうする
るか？　その時こそ、各人の真価が問われる時で
あり、本源であられるGに立ち戻って、正しい判
断と良い心でもって対処して頂くことを願うのみ
です。それ以上は言いようがありません）。

以上、弁解めいたことを長々と書きましたが、
「M実践」をまた、別の平易な表現で表すと『何
事においても、Gに、お伺いし、ご指示を仰いで
事を進める習慣』ということです。

VI章　総括

※私見

人生における「M実践」、「M実践」と他の構成要素との関係は下図のようにも考えられます。

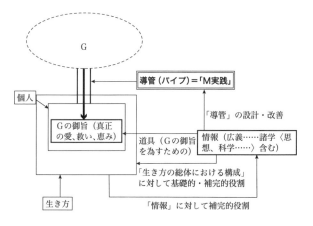

上図に示すように、「M実践」をGと個人とを直接つなぐ導管（パイプ）のようなものとして捉え、それを通してGの御旨が、直接に個人へ流れ入るようなものと考えることもできます。そしてそれ（導管）は、人生に必要不可欠なものであると考えます（Gと人と

を直接つなぎ、生きるうえで必要不可欠なもの〈水や食料と同じように〉を得る〈給される〉ために誰もが持つべき〈欠かせない〉「最良」の「道具」として）。

〔また一方で、情報（広義の意味……諸学〈思想、科学……〉含む）は、各構成要素の基礎を作り、機能を果たす道具として重要な役割を担うものであり、どのような情報を得るか、どのような情報を発信していくかということについても腐心することは（Gの御旨を為すことの一環として、生きていくために、当然）必要なことではあると考えます（とはいっても、「情報」よりも「G」が第一に重んぜられるべきであることに変わりはありませんが……）〕

　★情報源……外的情報（外的に得られる情報〈見る、聞く、読む、行動の結果、人との出会いなどによる〉）

　　　　……内的情報（自己の内部より産出される情報〈自動的に湧出または意識的思考によって得られる認識など〉）

〔また更に言えば、「生き方」からの「情報に対する

補完的役割」〔情報（広義の意味……諸学〈思想、科学……〉含む）の進歩・発展・改善〕は、いつまでも継続的な努力を要する課題として永続的に存続するものであり、その究極目標は「誰もがより完全にGにお仕えすることが出来るよう、誰もがより完全にGの御旨を果たせるようにして、真の満足を得られるようにするため」ということであり、個人にとってもまたどのような組織にとっても永遠の課題である……その課題を放棄することは、存在の意味を失うものであり、存続していくためには、この課題を背負っていくことが必須であると考えます〕

　自分の見解としては、前著・本書で提起したことについては、当然のことですが、全体丸ごと参考とされるべきものとは考えてはおらず、部分的に共感され納得されたことについてのみ（「M実践」以外においての考え方・教訓・言葉の一部においてでも、読者側の判断で）参考とされても可と思います。さらに、読者におかれて何ら一考の価値もないと思われるなら、それは読者の責ではなく、書いた自分の至らなさであ

99

り、人をとやかく言うものではないと考えております。

　以上、前著・本書を刊行していろいろと感じ入るところ（教えていただいたことがたくさんあるように感じる……人のために何か自分の知っていることを伝えよう〈教えよう〉としたが、逆に自分の方が教えられてしまった）はあるものの、「M実践」に基づいて（「M実践」における「真正の愛」が「愛」のなかでも相手に対して「最も親切な愛」であると確信して迷うことなく）、結果をあまり気にせず（良くても悪くても見返りを求めず、与えきりとして）どのような場合でも、自分の責務・使命を最善を尽くしてまっとうしていくのみであると考えております。

VI章　総括

◤ 最後に

　ここまでいろいろと細かいことを書き連ねましたが、自分の著作（前著及び本書）において読者様に伝えたかったまたは伝えるべき主要メッセージは（それだけでも読者様にお伝えできれば自分の著作の使命は終わっているものと思いますが……）、下記のとおりです。

※人生の努力目標・方向性を示すものとして、

『全能（人に対して「真正の愛」・「救い」・「恵み」であられ、かつそれらにおいて全能）であられるＧがおられ、その御方に各人の仕方で全力を尽くして「お従いすること」が人の「責務」であり、他者に対する「真の愛」であり、「幸福」（未来永劫それ以外の幸福はない）である』

　このことを最後に申し述べて、「総括」としたいと思います。

あとがき

　拙著をご購入いただきまことにありがとうございます。

　人生六十余年の人生経験と知識をまとめた前著『再改訂新装版　座右の書』を刊行して間もなく本書を刊行することとなり、まことに慌ただしいここ数年を過ごしましたが、人生の生きがいを見失いそうになる年代として、社会貢献というものがいかに困難なものであるか、またいかに自分の人生の支えと充実に寄与するものであるかを実感しているところであります。

　自分の限られた経験と知識をもって貢献するには、テーマとしていささか自分の分を超えた身分不相応な過大なものであると思いつつも、自分にとって最大の関心事であり、また挑戦すべき課題として「使命感」を感じながら筆をとった次第です。

　余計なおせっかいであり迷惑と捉えられたとして

も、自分としては抑えることのできない想いと感情であり、あらゆる過去の経験と知識及び自己が構築してきた諸認識のなかで、必要と思われる事柄を全て披瀝させていただきました。

　読者様各人におかれて、この書との出会いが幸いなる生につながるものであることを念じて筆をおきます。

※本書の執筆にあたっては万全を期して臨んだつもりですが、読者におかれて内容に不備・誤謬があると観られる方もおられるのではないかと想定されます。が、その際は未熟な作者の不徳・能力不足・不注意によるものと察して頂き、寛大な御心にてご容赦いただきたくお願い申し上げます。
※本書の内容について参考とされる（試行される）場合は、自己責任において（損害賠償はできませんので）参考（試行）としていただけますようよろしくお願い申し上げます。

　　　　　　　　　著者　記す

TTS文庫

昭和25年　富山県生まれ
昭和48年　地方大学工学部卒業
昭和48〜平成21年　アルミニウム建材関連会社勤務
（設計部門従事）

【著書】
『座右の書』（東京図書出版　2015年）
改訂新装版『座右の書』（東京図書出版　2016年）
再改訂新装版『座右の書』（東京図書出版　2016年）

続・座右の書

2017年9月7日　初版第1刷発行

編著者　人生の生き方研究会
発行者　中田　典昭
発行所　東京図書出版
発売元　株式会社 リフレ出版
　　　　〒113-0021　東京都文京区本駒込 3-10-4
　　　　電話 (03)3823-9171　FAX 0120-41-8080
印　刷　株式会社 ブレイン

© JINSEI NO IKIKATA KENKYUKAI
ISBN978-4-86641-086-9 C0195
Printed in Japan 2017
落丁・乱丁はお取替えいたします。

ご意見、ご感想をお寄せ下さい。

[宛先] 〒113-0021　東京都文京区本駒込 3-10-4
　　　　東京図書出版